ÉLOGE

DE

F.-J.-J. RIGOT,

PROFESSEUR D'ANATOMIE ET DE PHYSIOLOGIE A L'ÉCOLE ROYALE VÉTÉRINAIRE D'ALFORT.

—

LU A LA SÉANCE SOLENNELLE

DE LA

DISTRIBUTION DES PRIX ET DES DIPLOMES

LE 30 AOUT 1847

PAR

DELAFOND,

Professeur.

—

PARIS

IMPRIMERIE D'ALEXANDRE BAILLY,

RUE DU FAUBOURG-MONTMARTRE, 10.

—

1847

ÉLOGE

DE

F.-J.-J. RIGOT.

Monsieur le Directeur général, Messieurs,

Les Sociétés savantes ont depuis longtemps adopté l'usage de consacrer par un éloge solennel la mémoire et les travaux de ceux de leurs membres qui, en servant les sciences, ont acquis l'estime et l'amitié de leurs confrères et de leurs concitoyens. Les professeurs des Écoles vétérinaires s'étant imposé ce devoir sacré, je viens l'accomplir aujourd'hui, à l'égard d'un de nos collègues dont la perte prématurée laisse un vide si sensible au milieu de nous ; je veux parler de Félix-Jean-Jacques Rigot.

Né à Château-Gonthier le 28 floréal an XI (28 avril 1803), Rigot fut mis encore très-jeune au collége et termina ses études à l'âge de dix-sept ans. Rentré chez son père, qui exerçait la médecine vétérinaire, il reçut de lui les premières notions de maréchalerie et d'anatomie, en même temps qu'il se fortifia dans l'art du dessin, pour lequel il avait déjà beaucoup de goût.

M. Rigot avait donc compris la nécessité de faire aimer à son fils la carrière qu'il lui destinait en lui en montrant l'importance, l'étendue et l'utilité. — Ces premières leçons, quoique peu attrayantes, flattèrent cependant beaucoup le jeune Rigot, et lui firent attendre impatiemment le moment d'entrer à l'École d'Alfort, où il fut admis comme élève, aux frais du département de la Mayenne, le 1er novembre 1820.

L'intelligence, le zèle, la mémoire excellente, l'adresse manuelle de Rigot le firent bientôt distinguer parmi ses condisciples ; aussi Narcisse Girard se l'attacha-t-il bientôt en qualité d'aide préparateur des pièces destinées aux savantes leçons d'anatomie qu'il donnait à Alfort.

Ce fut donc sous les yeux de ce professeur, trop tôt enlevé à la science, que Rigot fit ses études vétérinaires avec la plus grande distinction.

Nommé répétiteur du cours d'anatomie en 1822, ayant obtenu le prix d'honneur et le premier diplôme en 1823, Rigot fut désigné par le jury pour suivre les cours d'économie rurale, de physique, de chimie et d'histoire naturelle qui formaient alors le complément des études vétérinaires d'Alfort. Un an après, il était chargé de répéter les leçons de zoologie professées par le savant et modeste Desmarest.

Bientôt l'enseignement vétérinaire fut modifié par l'ordonnance royale qui le régit encore aujourd'hui, et Rigot, d'élève et de répétiteur qu'il était, devint le chef de service du cours professé par son maître et son bienfaiteur.

A compter de ce moment, Rigot appartint définitivement à l'enseignement, et se trouva attaché à une chaire qui allait lui permettre de travailler avec ardeur à l'anatomie, qu'il aimait avec passion.

Lorsqu'en 1825, la médecine vétérinaire perdit, dans Narcisse Girard, une de ses plus belles espérances et l'Ecole d'Alfort un de ses plus célèbres professeurs, Rigot continua à remplir les fonctions de chef de service d'anatomie jusqu'en 1833.

Ce fut cette même année qu'il parut pour la première fois, et précédé d'une réputation justement méritée d'anatomiste distingué, dans l'arène du concours, où il eut pour concurrents quatre de ses collègues, jaloux de venir lui disputer une palme qui paraissait devoir lui être acquise, à juste titre, par ses longues et constantes études.

En 1838, et à la suite d'un second et brillant concours, il devint professeur titulaire.

Rigot occupait donc la chaire que le fondateur des Ecoles vétérinaires avait créée, que Daubenton, Vicq d'Azyr, Flandrin, les Girard avaient successivement illustrée par d'importants travaux sur l'anatomie des animaux et par de grandes et belles découvertes physiologiques.

Loin de prétendre égaler ses célèbres prédécesseurs, Rigot ne songea qu'à s'en constituer le disciple et l'interprète; aux matériaux qu'ils avaient rassemblés, il réunit les siens pour enrichir et compléter les cours qu'il devait enseigner. C'est qu'en effet, l'anatomie est tout à la fois un art et une science dont le champ ne peut être agrandi que par d'incessantes dissections, réclamant une patience intelligente dont quelques hommes seuls paraissent exclusivement doués; c'est que les connaissances physiologiques ne peuvent être perfectionnées que par l'observation attentive de l'action des organes et par l'expérimentation, car la nature ne confie jamais ses secrets, il faut les lui surprendre ou les lui arracher.

Jetez un instant les yeux sur cette charpente osseuse qui détermine la conformation générale des animaux, et vous y verrez réunis la solidité à la mobilité, propriétés contraires qui s'allient si difficilement en mécanique; mais ici utiles, indispensables même, et vous y rencontrerez : des courbures en sens inverse, des rayons osseux représentant des lignes brisées par des jointures plus ou moins mobiles, des saillies, des prolongements durs et solides formant autant de bras de leviers ou de points d'appui, et tout cela, afin de diminuer, d'augmenter, de multiplier, de régulariser les forces de la machine animale mises en jeu par ses ressorts ou muscles, soit qu'il s'agisse de fléchir, d'étendre, de suspendre, d'atténuer, de décomposer les mouvements des diverses parties du corps et des membres sur elles-mêmes, soit pour fixer l'animal au sol, soit pour le lancer avec impétuosité dans l'espace.

L'anatomie des os ou des soutiens fixes et solides de la machine animale ; des articulations qui servent à sa locomotion ; des muscles, ou organes actifs qui en constituent les moteurs animés, toutes ces parties devaient donc fixer l'attention d'un anatomiste aussi habile que l'était Rigot. Aussi toutes ont-elles été décrites avec détails dans les trois premières livraisons du *Traité d'anatomie vétérinaire* qu'il nous a laissé.

Les articulations des régions inférieures des membres dont les parties sont si merveilleusement agencées pour fixer l'animal au sol ; soutenir le poids du corps pendant le repos et l'exercice ; diminuer les réactions dans les détentes brusques et violentes des membres, ont été de la part de Rigot l'objet d'importantes investigations dans le cheval et notamment dans le bœuf, chez lequel cette partie utile de l'anatomie n'avait encore été qu'ébauchée.

Ici, comme anatomiste, comme pathologiste et comme chirurgien, Rigot fait connaître avec beaucoup de précision la position, les rapports, l'organisation intime des nombreux et puissants moyens

d'union qui rendent les jointures des phalanges on ne peut plus
solides, explique le mécanisme de formation et la gravité de plusieurs lésions dont elles sont le siége, et donne la raison anatomique de leur fréquence dans le cheval et de leur rareté dans le
bœuf de travail.

Sous le nom de *myologie*, les anatomistes entendent l'étude des
parties que l'on nomme chairs, et que la science désigne sous le
nom de muscles.

Organes essentiels de la locomotion, les muscles sont considérés
comme les agents chargés d'exécuter les mouvements nombreux
et variés des animaux. Rigot, en décrivant avec détail et exactitude
la direction que les muscles affectent, leurs points d'attache, leurs
rapports avec les vaisseaux, les nerfs, les jointures, a peut-être
mieux compris que ses devanciers l'utilité de cette anatomie topo-
graphique pour la chirurgie.

Deux célèbres anatomistes de l'homme, Sylvius et Riolan, avaient
donné aux muscles des noms tirés de leur forme, de leur position,
de leur structure, de leurs fonctions, et Vitet, Lafosse et Bourgelat
avaient adopté cette dénomination pour les muscles des animaux.
Ce parler anatomique avait persisté dans les Écoles et parmi les vétérinaires jusqu'au commencement du siècle où nous vivons, lorsque
M. Girard vint faire une heureuse application de la nomenclature
du célèbre médecin Chaussier, en donnant aux muscles des animaux des noms qui, en rappelant leur origine et leur insertion,
impliquent leurs fonctions.

Rigot n'accepta pas la réforme qui avait été opérée par son
maître. Selon lui, les dénominations de Chaussier ne pouvaient
s'appliquer rigoureusement à tous les muscles d'un même animal,
et il trouvait nécessaire que le langage des vétérinaires fût semblable à celui des médecins et des zoologistes qui avaient conservé
l'ancienne nomenclature. Il en revint donc aux noms adoptés par
les anciens hippiâtres et le fondateur des Écoles vétérinaires. Ces
raisons, cependant, étaient-elles suffisantes pour faire abandonner
à Rigot des expressions consacrées par l'usage depuis plus de qua-
rante ans? Ne devait-il pas plutôt considérer que lorsqu'une science
possède déjà un très-grand nombre de mots à retenir, il faut étu-
dier le grand art de soulager la mémoire? L'avenir dira si Rigot a

bien fait de s'être écarté de la route si habilement tracée par son savant maître M. Girard et que suit encore aujourd'hui le plus grand nombre des vétérinaires.

Ce fut en 1845 que Rigot publia la quatrième livraison de son *Anatomie vétérinaire* comprenant l'*Angéiologie*.

L'anatomie des vaisseaux artériels ou de tous ces canaux qui partant d'un centre commun, projettent leurs ramifications innombrables à travers tout l'organisme pour y porter dans chaque point la nourriture, la chaleur, le mouvement et la vie, devait être pour Rigot le sujet d'importantes études.

De concert avec M. Goubaux, il s'était livré à de nombreuses dissections sur l'anatomie des artères, des veines, des lymphatiques, dans toutes les espèces domestiques ; mais malheureusement il ne nous a laissé que le traité anatomique des artères du cheval.

Bien qu'à l'époque où parut cet ouvrage, les facultés de Rigot fussent déjà troublées, il ne le cède en rien pour l'exactitude, la précision, la méthode et la clarté, aux traités déjà publiés.

Ses nombreuses recherches sur la structure de l'organe central de la circulation ont appris le mécanisme suivant lequel s'opèrent, se coordonnent et se succèdent la dilatation et le resserrement des cavités du cœur.

Les dispositions, les rapports, les divisions et les subdivisions des terminaisons les plus ténues de l'appareil vasculaire de l'encéphale, ce foyer de l'intelligence, du mouvement et des sensations diverses ; celles du pied et de la membrane nasale du cheval ; de l'estomac et de l'intestin ; de la rate et des reins, études délicates et difficiles, mais d'un grand intérêt pour la pathologie, la chirurgie et la thérapeutique, ont été faites par Rigot avec un rare mérite.

Le *Recueil de médecine vétérinaire*, les Comptes-rendus annuels de l'École renferment des recherches anatomiques non moins importantes que celles dont je viens de faire ressortir l'utilité.

Parmi ces travaux, je citerai : une description de la toile frêle et dentelée de la portion de plèvre qui forme le médiastin postérieur dans les solipèdes, dont la déchirure facile dans le cas d'épanchement explique pourquoi les pleurésies sont presque toujours doubles dans le cheval, et rend compte de la gravité qu'affecte cette maladie dans cet animal ; des expériences sur l'insufflation des poumons

qui ont appris que les régions de ces organes le plus habituellement
en action pendant la vie, étaient aussi les plus exposées à l'em-
physème, aux congestions et aux inflammations ; l'existence de
plusieurs rameaux s'échappant des nerfs pneumo-gastriques pour se
rendre à la membrane charnue des bronches, dont la découverte
donne raison de certains phénomènes d'asphyxie.

Dans sa belle étude anatomique de la pituitaire du cheval, Rigot
a démontré qu'en faisant pénétrer le mercure dans les nombreux
vaisseaux lymphatiques qui parcourent cette membrane, on repro-
duisait l'image presque fidèle des premières altérations de la morve
nasale ; recherches d'une grande portée qui paraissent confirmer
une opinion déjà émise par un des professeurs de cette Ecole (1),
que la lymphe, les vaisseaux et les ganglions lymphatiques sont le
principal siége, dans les cavités nasales aussi bien qu'ailleurs, de
cette redoutable et désolante affection connue sous les noms de
morve et de farcin.

Ces exemples démontrent assez, Messieurs, que Rigot avait le
talent de rattacher toutes ses découvertes à la physiologie, à la
pathologie et à la chirurgie.

Tels sont les principaux travaux de Rigot, comme anatomiste
et comme physiologiste. Leur importance et leur utilité doivent
nous faire déplorer la perte d'un homme si capable, si habile et si
ingénieux.

C'est qu'en effet, l'anatomie et la physiologie formant la base des
connaissances vétérinaires, toutes les autres parties dont elles se
composent leur sont subordonnées.

Aux yeux des observateurs, les animaux, moins parfaits que les
hommes dont ils portent le joug, sont cependant pétris du même
limon, composés des mêmes éléments et munis d'organes sem-
blables ; ils sont en outre unis par les mêmes besoins, et assujettis
aux mêmes influences physiques ; car, plus que l'homme, les animaux ressentent profondément l'empreinte des agents extérieurs.

Leur volume augmente ou diminue, leurs forces acquièrent de
l'énergie ou s'affaiblissent ; leurs chairs varient de consistance et de

---

(1) Voyez O. Delafond, — *Recueil de médecine vétérinaire*, 1837, p. 75,
76 et 78.

saveur ; leurs dispositions naturelles au travail, à l'engraissement, subissent de notables changements ; tout chez eux enfin s'améliore ou s'altère, s'ennoblit ou se dégrade, selon le climat, le sol, l'alimentation, les eaux, les habitations, les soins et le travail ; changements, on n'en saurait douter, qui sont le résultat de modifications même dans les tissus organiques et dans la composition du sang.

En effet, si l'on plonge l'œil dans la structure des animaux, l'esprit reste pénétré de cette grande idée émise par un des premiers anatomistes et physiologiques de notre époque, à savoir : « Que dans « l'être vivant tout est lié par la plus étroite dépendance : tellement « que, entre le sang et le système nerveux, entre le sang et les « muscles, entre le sang et les autres produits qu'il laisse échapper « dans sa course, de même qu'entre le sang et l'aliment dont il est « tiré, entre l'aliment et le suc destiné à nourrir et à vivifier les « organes, il existe des dispositions corrélatives cachées et impénétrables, mais réelles et réciproques, d'où résultent pour l'animal, « comme pour l'homme, un ensemble et une harmonie qui se lient, « se confondent et ne cessent qu'avec la vie. » Or, pour prévoir ces modifications profondes, pour en apprécier la portée, les prévenir et les combattre, il importe de connaître les tissus élémentaires aussi bien que leurs usages, la composition du sang et des liquides qui arrivent à ce fluide et qui en émanent ; en un mot, il faut être initié aux secrets de l'organisation. Connaissances utiles, je dirai même indispensables, aux hommes auxquels on doit confier la mission importante de la domestication de ceux des animaux dont les travaux et les produits constituent l'un des grands besoins de la société.

L'étude de leurs beautés comme de leurs défectuosités, l'appréciation de leur force comme de leur faiblesse, de leur bonne comme de leur mauvaise constitution, je dirai plus, l'utilité de conserver les races précieuses et de régénérer celles qui sont défectueuses par le croisement, ne sauraient être acquises sans le secours de l'anatomie et de la physiologie.

Que penser d'une personne qui, étrangère aux premiers éléments de la mécanique, oserait avoir la prétention de retrancher, d'ajouter, de modifier, de multiplier les moyens d'action d'une machine, si ce n'est qu'elle est inhabile à en améliorer, à en augmenter, à en régulariser la puissance et les effets ? Or, les animaux sont-ils autre chose qu'une machine mue par une force sans cesse réparée par la vie même ; mais intelligente, mais formée d'une infinité de rouages et de ressorts dont le jeu isolé ou général ne peut être connu, apprécié et compris que par ceux qui font une étude approfondie des lois qui régissent l'organisme. Et cependant que d'hommes dépourvus de connaissances anatomiques, même les plus vulgaires, se croient appelés à juger en maître des qualités et des défauts des animaux domestiques, et à enseigner les moyens de les améliorer. Erreur funeste, qui n'a pas peu contribué sans doute à la lenteur des progrès qu'a pu faire le perfectionnement des diverses espèces domestiques !

Leur conservation, par la guérison des graves et nombreuses maladies qui les attaquent, n'est pas moins sous la dépendance de l'étude anatomique et physiologique.

Comment, en effet, reconnaître le trouble des diverses fonctions, si préalablement on n'en connaît point le mécanisme. Comment aussi, après la mort, distinguer les lésions si nombreuses et si différentes que présentent les solides et les liquides, si déjà leur état normal n'est pas connu ?

Tel était, Messieurs, l'enseignement vaste, compliqué, difficile, fondamental dont Rigot était chargé ; tâche qu'il a si utilement remplie pour la science, pour nos élèves.

Bien que Rigot cultivât l'anatomie avec une passion presque exclusive, il ne négligeait cependant point l'étude de la botanique, de la chirurgie et de la pathologie.

La science lui est redevable d'un *Traité de botanique*, rédigé avec précision et clarté, où se trouvent succinctement décrits les caractères des plantes destinées à la nourriture des animaux et à la guérison de leurs maladies.

Ainsi que la plupart des grands anatomistes, Rigot possédait l'art du dessin, que devrait cultiver tout homme qui se consacre à l'observation de la nature.

Il profita donc de ce talent pour publier un atlas d'anatomie chirurgicale des régions de la tête, du corps et des membres du cheval, où les vaisseaux, les nerfs, les parties importantes enfin, doivent être ménagées pendant les opérations.

Les planches, de grandeur naturelle, que renferme cet atlas, dessinées et lithographiées par Rigot, sur les pièces que sa main habile avait préparées, se distinguent de toutes les productions en ce genre que la science possède, non-seulement par une rigoureuse exactitude anatomique, mais encore par la pureté et le fini du dessin.

Dans les nombreuses dissections auxquelles il se livrait, Rigot rencontrait souvent de singulières variétés dans la forme, le volume, la consistance et la couleur du tissu des organes ; comme aussi des altérations dont l'origine, l'étendue et les effets sur l'économie étaient importants à constater. Toutes ces particularités étaient notées par Rigot ; les altérations qui pouvaient être conservées, il les préparait avec soin et les déposait dans les collections de l'Ecole.

S'étant aperçu que l'influence des lois physiques et chimiques, dans les animaux privés de la vie depuis un certain temps, et placés dans des conditions différentes, donnait naissance à des phénomènes variés peu connus et pouvant être confondus avec les traces que laissent les maladies dans les organes, de concert avec M. le docteur Trousseau, aujourd'hui professeur à la Faculté de médecine, Rigot se livra à de nombreuses expériences qui donnèrent des résultats du plus grand intérêt pour l'anatomie pathologique.

Ses recherches sur l'engouement inflammatoire des poumons, comparé à l'hypostase cadavérique de ces organes ; les diverses espèces d'hépatisations, d'indurations et de gangrène pulmonaire ; son mémoire sur les causes et la nature de l'anévrysme spontané dans les animaux, ainsi que bon nombre d'autres travaux aussi intéressants que ceux qui ont déjà fixé notre attention, attestent que Rigot a doté la pathologie de faits variés, curieux et éminemment utiles à une science qui ne doit attendre son perfectionnement que de l'expérience et de l'observation.

Les connaissances anatomiques si positives que possédait Rigot, la grande habitude qu'il avait acquise de manier le scalpel, la dextérité dont il était naturellement doué, lui permettaient d'exécuter d'une manière vive, sûre et légère les opérations les plus difficiles et les plus délicates.

Les préparations qui nécessitaient des démonstrations anatomiques, il les faisait avec une adresse et une promptitude qui surprenaient.

L'objet le plus délicat, le filet nerveux le plus délié, le vaisseau le plus petit et le plus profondément caché dans les organes, son instrument l'atteignait d'un trait dans toute sa longueur, et, le mettant à jour, semblait moins le découvrir que le dessiner. Les muscles, les viscères, les vaisseaux, les nerfs dont il devait faire connaître dans ses leçons la position, la direction, les rapports et l'organisation, étaient séparés ou réunis, étalés ou groupés avec un art infini.

La diction de Rigot était claire et facile, très-souvent brillante et animée. Il enseignait avec entraînement et démontrait avec une remarquable habileté. Mais si, dans certains cas, la parole lui devenait insuffisante pour faire comprendre à ses élèves la forme et la structure de certains organes, il les dessinait sur le tableau avec une exactitude, une promptitude et une facilité étonnantes.

Les beautés et les défectuosités des parties externes des animaux étaient donc ainsi reproduites par le crayon habile de Rigot ; ce que les oreilles avaient entendu, les yeux le voyaient encore, et ces deux genres d'expression des sens, fortifiés l'un par l'autre, devenaient ineffaçables dans la mémoire des élèves.

Rigot avait une physionomie agréable et ouverte, un esprit enjoué, une conversation légère et spirituelle. Une amitié sincère, une reconnaissance inaltérable et sans bornes l'attachaient à Narcisse Girard ; aussi fut-il l'un des amis les plus dévoués de ce professeur à jamais regrettable.

Rigot était de petite taille et paraissait doué d'une vigoureuse constitution. — Sa santé fut parfaite jusqu'à l'âge de trente ans ; mais, à dater de cette époque, elle s'altéra sensiblement, et devint de plus en plus chancelante. En proie, quelques années plus tard, à de violentes céphalalgies qui lui causaient de longues insomnies, travaillant avec assiduité au *Traité d'anatomie* qu'il voulait terminer, et ne prenant aucun repos, Rigot ne pouvait résister longtemps à tant de douleurs et à tant de fatigues.

C'est à cette époque aussi qu'il perdit sa mère, et le chagrin profond qu'il en ressentit provoqua l'exaspération des symptômes encore cachés, mais alarmants, qui annonçaient l'existence de la triste et désolante maladie qui devait le conduire au tombeau.

Rigot est mort à l'âge de quarante-trois ans, le 17 janvier dernier, à Château-Gonthier, au milieu de ses amis consternés, dans les bras d'un père qui l'adorait, et dont il faisait la gloire et l'espérance.

Rigot s'était acquis une réputation justement méritée parmi les vétérinaires de la France et de l'étranger. Il laisse à l'École d'Alfort nn nom scientifique qui le place à côté des anatomistes célèbres qui ont honoré cette grande et belle institution, et dans le cœur de ses condisciples, de ses élèves, de ses collègues, de ses amis, les plus vifs regrets.

———

Après avoir donné ce témoignage d'affectueux souvenir à notre infortuné collègue, permettez-moi, Messieurs, de vous entretenir un instant de la médecine vetérinaire et des hommes qui l'exercent.

Il y a bientôt dix ans que, dans une solennité semblable à celle qui nous réunit aujourd'hui, je signalai les importants travaux qui avaient été donnés à la science par les Ecoles et les vétérinaires à compter du moment où la France avait commencé à jouir des bienfaits de la paix. Depuis lors, cette noble et belle émulation ne s'est point ralentie. Des ouvrages sur l'hygiène, les haras et la jurisprudence vétérinaire ; des monographies sur des maladies graves et désastreuses encore peu connues ; des découvertes en chirurgie et en physiologie ont été publiés. Des recueils mensuels consacrés à l'agriculture, à l'amélioration, à l'hygiène des chevaux et des bestiaux, à la connaissance des maladies qui les attaquent, ont été créés par les professeurs des Ecoles ou par des vétérinaires jaloux de contribuer aux progrès de la science ; des associations se sont formées dans un grand nombre de départements, et, grâce au puissant appui de M. le ministre de l'agriculture, une Société centrale de médecine vétérinaire a été récemment fondée au sein de la capitale.

Ces travaux multipliés et variés, ces réunions où des hommes exerçant la même profession viennent se communiquer le résultat de leurs observations, n'attestent-ils pas, Messieurs, que les Ecoles et les vétérinaires rivalisent de zèle pour hâter le perfectionnement d'une science utile et étroitement liée à l'agriculture, cette branche si importante de l'industrie nationale ?

Vous, jeunes vétérinaires qui allez nous quitter, faites tous vos efforts pour soutenir, pour augmenter autant qu'il sera en vous cette heureuse impulsion vers le progrès. N'oubliez pas que l'art de connaître et de guérir les maladies ne doit pas être le but exclusif de vos observations; l'hygiène, l'éducation, le perfectionnement des diverses races d'animaux domestiques réclament aussi de vous de constantes et sérieuses études.

Le temps est arrivé, nous aimons à le dire, où les connaissances vétérinaires sont jugées et appréciées. Espérons donc plus que jamais, Messieurs, qu'une loi réglera prochainement l'exercice de la médecine vétérinaire, et que les hommes qui ont obtenu dans les Ecoles le titre de capacité recevront une protection qui leur est si légitimement due.

Ce bienfait, nous l'attendons de la bienveillante sollicitude du ministre auquel sont confiés les intérêts de l'agriculture, de la science, des Ecoles et de la profession vétérinaires.

LISTE DES TRAVAUX DE RIGOT.

ANATOMIE ET PHYSIOLOGIE.

1825. Observation sur une dilatation ombilicale avec oblitération des vaisseaux ombilicaux sur un chien. — (Compte-rendu de l'Ecole d'Alfort, 1825, p. 19.)

1827. Considérations anatomiques sur la membrane nasale du cheval. — (Recueil de médecine vétérinaire, 1827, p. 85.)

— Sur la disposition anatomique du médiastin dans le cheval. — (Même Recueil, 1827, p. 301, et Compte-rendu de l'Ecole d'Alfort, 1826, p. 25.)

1834. Recherches sur l'insufflation des poumons, tendantes à démontrer que les parties de ces organes les plus perméables à l'air sont aussi celles qui sont le plus souvent le siége de maladies. — (Recueil de médecine vétérinaire, 1834, p. 475.)

1836. Notes sur la membrane charnue des bronches et sur les divisions nerveuses qui s'y rendent. (Même Recueil, 1836, p. 521.)

— Note sur l'existence de petits ganglions, variables quant à leur nombre et à leur position, dans l'épaisseur des nerfs sciatiques. — (Même Recueil, 1836, p. 522.)

1837. Note sur l'injection du réseau lymphatique superficiel de la pituitaire du cheval. — (Même Recueil, 1837, p. 612.)

— Note sur la structure des uretères du canal cholédoque, du canal parotidien, et sur la contraction de leur membrane charnue. — (Même Recueil, 1837, p. 613.)

De 1840 à 1845. Quatre livraisons d'un Traité complet de l'anatomie des animaux domestiques, comprenant : l'Ostéologie, la Syndesmologie, la Myologie et l'Angéiologie. Chaque livraison de 200 à 300 pages. — Ce Traité reste incomplet. La 5e livraison, comprenant la Névrologie, paraît avoir été égarée dans les derniers moments de la vie de Rigot.

PATHOLOGIE.

1825. Observation sur des calculs urinaires trouvés dans la vessie et l'uretère d'un cheval. — (Compte-rendu de l'École d'Alfort, 1825, p. 16.)

— Transformation d'un ovaire en un véritable kyste dans une jument. — (Même Compte-rendu, p. 17.)

— Vertige déterminé par une rétention d'urine due à une induration du col de la vessie. — (Même Compte-rendu, p. 18.)

1826. Recherches nécroscopiques sur quelques altérations que subissent après la mort les vaisseaux sanguins, les poumons et la membrane muqueuse gastro-pulmonaire; en commun avec M. le professeur Trousseau. — (Archives générales de médecine, 4e année, 1826, t. XXII, p. 169; et Recueil de médecine vétérinaire, analyse de M. Bouley jeune, année 1827, p. 5, 371 et 485.)

1827. Observations d'anévrysmes par anastomoses dans le cheval et dans le chien. — (Recueil de médecine vétérinaire, 1827, p. 145.)

— Observations de ruptures spontanées et partielles des muscles dans le cheval. — (Même Recueil, 1827, p. 195.)

— De l'anévrysme spontané dans le cheval. — (Même Recueil, 1827, p. 301.)

— Observation sur un rein pesant 7 kilogrammes 500 grammes, renfermant de la matière encéphaloïde et de la mélanose, dans des caillots sanguins. — (Même Recueil, 1827, p. 301.)

— Observation sur un polype des cavités nasales du cheval. — (Même Recueil, 1827, p. 605.)

1828. Considérations sur les lésions organiques du poumon. — (Même Recueil, 1828, p. 57.)

— Considérations générales sur les kystes dans les animaux. — (Même Recueil, 1828, p. 199.)

1829. Note sur les transsudations cadavériques. — (Même Recueil, 1829, p. 231.)

— Nouvelle manière d'envisager la maladie que l'on nomme *fourbure*. — (Même Recueil, 1829, p. 209.)

— Observation sur les tumeurs plantaires des nerfs du cheval. — (Même Recueil, 1829, p. 624.)

— Une analyse critique d'une observation publiée par M. Chardon, dans laquelle Rigot assure que les animaux enragés n'ont point horreur de l'eau et boivent quelquefois abondamment. — (Même Recueil, 1829, p. 311 et 416.)

— Une analyse critique des observations de M. Godine sur la fluxion périodique du cheval. — (Même Recueil, 1829, p. 417.)

1830. Observation sur la paraplégie du chien, guérie par l'emploi de la noix vomique. — (Même Recueil, 1830, p. 172.)

1834. Note sur des calculs biliaires trouvés dans les canaux hépatiques et cholédoque d'un cheval. — (Même Recueil, 1834, p. 473.)

— Note sur un calcul salivaire avec transformation lardacée de la glande maxillaire. — (Même Recueil, 1834, p. 473.)

— Note sur une ossification complète de l'aorte abdominale, avec présence d'un caillot fibrineux dans son intérieur. — (Même Recueil, 1834, p. 473.)

— Note sur un kyste de la rate du poids de 3 kilogrammes 500 grammes. — (Même Recueil, 1834, p. 473.)

— Note sur le séjour d'un biscaïen dans la poche gutturale gauche d'un cheval. — (Même Recueil, 1834, p. 473.)

1836. Note sur l'existence de concrétions fibrineuses jaunâtres dans les artères pulmonaires. — (Même Recueil, 1836, p. 522.)

1837. Note sur un cas de rupture spontanée et récente des deux ligaments internes de l'articulation coxo-fémorale dans le cheval. — (Même Recueil, 1837, p. 614.)

— Note sur une rupture des fibres centrales de la corde tendineuse du muscle perforant. — (Même Recueil, 1837, p. 614.)

— Note sur une production osseuse rencontrée au point d'insertion du tendon du muscle grand dorsal et comprimant les cordons nerveux du plexus brachial. — (Même Recueil, 1837, p. 615.)

— Notes sur un kyste sous-cutané existant à la nuque du cheval. — (Même Recueil, 1839, p. 615.)

— Sur les déchirures des capsules synoviales articulaires et tendineuses, donnant naissance aux maladies connues sous le nom de *distensions synoviales*. — (Même Recueil, 1837, p. 616.)

1840. Notes sur un séquestre complet de l'hyoïde, un lipôme considérable recueilli dans le bassin d'un cheval, et d'un calcul rénal du volume du poing. — (Même Recueil, p. 565.)

CHIRURGIE.

1825. Note sur l'efficacité des incisions dans le traitement des tumeurs œdémateuses qui suivent l'inoculation dn claveau du mouton, et sur l'efficacité des eaux-mères de sulfate de quinine employées en lotions et unies aux breuvages aromatiques donnés à l'intérieur dans ces accidents. — (Compte-rendu de l'École d'Alfort, 1825, p. 20.)

1827. Considérations anatomiques sur la castration dans les monodactyles. — (Recueil de médecine vétérinaire, 1827, p. 45, 427 et 542.)

— Atlas d'anatomie des régions où se pratiquent les principales opérations chirurgicales du cheval. — Six planches lithographiées, avec texte.

BOTANIQUE.

1831. Eléments de botanique médicale et hygiénique à l'usage des élèves vétérinaires ; 1831, 1 vol.

www.ingramcontent.com/pod-product-compliance
Lightning Source LLC
LaVergne TN
LVHW050224060726
842525LV00007B/2521